숨; 쉬다

마음을 다스리는 사유의 명상집

정소영 지음

11 프롤로그

첫 번째

숨쉬기; 내가 숨 쉬는 곳이 마음의 집이다

19 소국
20 구원자
22 자애
23 엄마
24 커피
25 영원
26 공명
27 눈물의 속성
28 트라우마
29 숨 고르기
30 조용히 숨 쉬고 있어
32 초록집
33 유랑자
34 괜찮아 지금 가도 돼
35 이곳의 숨

두 번째

집중하기; 흩어진 마음에도 돌아올 자리가 있다

38	글 안에서 글을 찾을 때
39	사진 속의 시간
41	가다 멈추다 또 가다
43	꽃말
44	동병상련
46	침묵의 대가
48	빛이 되기 전
49	뚜벅뚜벅
50	생을 알다
51	인식한다는 것
53	이곳의 숨

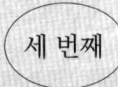
세 번째

알아차리기; 내 마음의 온도를 측정하는 시간

57	러너와 체이스
63	카르마
64	아무렇지 않다는 말
65	사각지대 어느 밤
66	울컥하는 순간
67	측량 오류
68	오해
69	우주와 나
70	본능적으로
71	탈피
73	희망 고문
74	머무른 영혼들
75	영혼의 순례길
77	도망치고 싶은 마음
79	무뎌진다는 것
80	풍향계
81	죽어있는 화분에 눈치 없이 물주지 않기

82	천문
84	감정의 이해
85	무용한 것들
86	인연의 시작과 끝
88	T가 되고 싶은 F
89	당신들이 있기에
91	기도
92	빛과 어두움, 그리고 나
94	소우주
96	우리는 서로의 출입문이 될 수 없었다
98	내가 너를 느낄 때 나는 외롭지 않다
100	안부
101	이곳의 숨

네 번째

수용하기; 있는 그대로 둘 수 있을 때 마음이 풀린다

104	있는 그대로 수용하기
106	슬픔의 종류
108	스스로 무게를 견디는 마음들을
109	미완의 아름다움
110	장마
111	그래도 내일은 웃자고
113	꽃샘
115	Sold Out
118	남는 것들
119	유행병
120	후회
121	천사의 날개
122	혼자가 아니야
124	나게 가장 좋은 사람
125	내려놓는 순간
126	귀소본능
127	옳음과 친절함 사이에서 방황할 때
129	환절기
130	쓸모를 구하지 않는 쓸모
131	이곳의 숨

다섯 번째

비판 없는 마음 갖기; 나를 탓하지 않는 연습

134	기분 좋은 하루
136	증거인멸
137	현상 이야기
138	망각의 기능
139	무
140	고통의 순환 고리
143	우린 서로에게 얼마나 좋은 인연이었나
144	사람의 온도
147	내가 아는 나는 인연에서 온다
149	인연의 숲
150	의도 없는 우연
151	이별
152	본질이 궁금했어
154	무해한 반복
155	별똥별
156	다 지나간다
157	이곳의 숨

(여섯 번째)

지금 여기; 삶은 오직 이 순간에만 있다

163	봄날
164	당신의 밤에
165	그대로 바라보기
166	메리 크리스마스
167	노을
168	지금 여기, 빛을 따라
169	사각지대 어느 밤2
170	한
171	결대로
172	몸짓의 기록
173	인연의 실
174	착각
175	당신이 옳다
176	인생이란
178	이곳의 숨

어느 날 숨을 쉬는 일이 느려졌다.
어디서부터 어긋났는지 모를 마음을 따라가다 보면
그 끝에는 말보다도 작은 떨림 하나가 남아 있었다.

손에 잡히지도 눈에 보이지도 않는
그 떨림이 숨결처럼 나와 세상 사이를 잇고 있었다.

생각을 억지로 붙잡지 않아도
감정을 억누르지 않아도
그저 천천히 숨을 고르며 돌아오는 것만으로도
충분히 살아낼 수 있었다.
살아가다 보면 흔들릴 수 있다.
돛처럼 바람에 나부껴도 괜찮다.
중요한 건 그 바람 속에서도 잊지 않고
닻을 내리는 일이다.

이 책은 흔들리는 돛 아래에서
깊이 내려앉은 닻처럼
고요히 기록해낸 순간들의 모음이다.

마음과 마음 사이에 놓인 침묵
말과 말 사이에 흐르는 숨
그 사이에 묻어난 진심 같은 것들.

어쩌면 이 책의 문장 하나가 당신 마음 어딘가에
아주 작은 떨림으로라도 닻이 되어 내리기를.

바람 속에서도 스스로를 지켜낸 당신이
다시 자신을 만나게 되기를.

이제 조심스럽게 당신의 마법 상자를 열어도 좋다.

쉼이 필요한 당신에게.

첫 번째

숨쉬기;
내가 숨 쉬는 곳이 마음의 집이다

숨 쉬는 건 우리가 가장 먼저 배운 일이에요.
태어나자마자 누구의 도움도 없이 혼자 해내는 일.
그런데 아이러니하게도, 살아갈수록 숨을 잊고 살게 돼요.

바쁘고 정신없는 하루 속에서
숨이 가쁜지, 편한지조차 신경 쓸 틈이 없잖아요.
그래서 이 책은 숨으로 돌아가는 연습부터 시작해요.
숨은 언제나 '지금 여기'에 있으니까요.

꼭 명상실이나 자연 속이 아니어도 돼요.
집 거실, 책상 앞, 공원 벤치, 버스 안 창가 자리…
조금 덜 방해받는 공간이면 충분해요.

바닥에 앉거나, 의자에 기대어도 좋아요.
허리는 '부드럽게' 펴고, 어깨는 '툭' 하고 내려놓습니다.
팔은 허벅지 위나 무릎 위에 자연스럽게 얹어요.

억지로 길게 쉬려 하지 않아도 돼요.
지금 이 순간 있는 그대로의 호흡을 따라가면 돼요.

코끝에 닿는 차가운 공기
가슴이 오르락내리락하는 느낌
배가 살짝 부풀었다가 줄어드는 움직임.

'아, 지금 숨 쉬고 있구나' 하고 그냥 느껴보세요.
그게 명상의 시작이에요.

숨은 매일 아무 말 없이 당신 곁에 있어요.
그걸 한 번 알아차리는 순간,
당신은 이미 자기 자신을 안아준 거예요.

오늘 하루
숨만 쉬는 3분,
그걸 나에게 선물해줘도 괜찮지 않을까요?

소국

내가 여기에 있다는 것을 숨으로 알아가는 시간

낮은 늘 분주하다.
쏟아지는 말들
정체 없는 백색소음
쉼 없이 흐르는 일상 속에서
고단한 마음은 자주 끌려다닌다.

그럴수록 작게 숨을 들이쉬고
조금 더 천천히 내쉰다.

세상이 아무리 시끄러워도
누구에게나 지금 해야 할 일은 존재하기에.
흔들리지 않으려는 것이 아니라
흔들려도 무너지지 않으려는 마음으로
낮의 한가운데서 적막한 고요의 빔을 불러낸다.

구원자

한 줄의 숨으로

더 내려갈 곳 없는 절망 속에서
길을 잃고 떠돌 때 글을 쓴다.

흔들리는 한 글자가
무릎을 꿇고 고해성사하면
흩어진 단어들이
서로 부둥켜안아 문장이 된다.

쓰이는 동안이라도 쓰임 받기를
흩어지는 날들을 잃지 않기를
성수를 뿌리듯 문장을 적신다.

무너지는 것들을
잠시나마 붙잡아둘 수 있을 것 같았고,
사라질 기쁨마저
활자로 묶어둘 수 있을 것 같았다.

바람에 날아갈 영혼의 무게를 지탱하기 위해
한 줄 또 한 줄을 새긴다.

기도가 신을 향한 고백이라면
삶 또한 기도에서 자유로울 수 없으리라.

침묵과 눈물과 사랑으로 새긴 오늘이
문장에서 문장으로 이어지며 끝나는 자리마다
구원이 깃들기를.

한 순간이라도
삶을 통째로 게워낸 문장 속에서
감히 위로받을 수 있다면
기도에 대한 응답은 완성되었으리라.

자애

가진 마음

가진 마음은 서두르지 않아.
모퉁이를 돌아가도
생각은 자라지 않지
한 곳에 묶여 숨을 고를 뿐.

늦지 않게,
그러나 서두르지 말고
보채지 않는 마음으로
온화한 이가 되기를.

엄마

작은 숨결이 세상을 품을 때

엄마, 반짝이는 눈으로 엄마를 부르며
힘껏 달려와
품 안에 안길 때
세상의 모든 기쁨이
이 작은 아이와 하나가 된다.

말랑말랑한 아이를 꼭 껴안고 있으면
온종일 아이는 엄마 꿈을 꾸고
엄마는 아이 꿈을 꾼다.

커피

계절의 향기

한두 개가 아닌 그 이상의 결핍들이
온종일 커피잔을 들게 한다.

가득 메운 잔의 출렁임이 풍요롭지 않아.
뜨거운 커피가 뜨겁지 않아.
차가운 커피가 차갑지 않아.
차갑고 뜨거운 건
우리가 품은 계절 속에 살고 있으니까.

영원

고요히 멈춘 숨결

피아노 선율에서
나는 바람이 지나가는 법을 배웠다.
꽃잎 하나 떨어지지 않는
찬란한 그 순간

음들이 공기 속을 떠돌다
조용히 세상의 숨을 멈추게 했다.

공명
소통으로 호흡하다

소용돌이에 묻혀
지워져 가는 흔적처럼

오늘도 구시렁구시렁하다
웅얼웅얼하는 빛과 소리의 집합체.

공기 중에 부지런히 맴돌다가

주파수가 맞는 어느 이에게 찾아가
스며들고 있을 것이다.

눈물의 속성
가슴으로 내쉬는 숨

절망 속에서 다시 일어나
꽃을 피울 수 있었던 이유는

뜨거운 가슴으로 참회하는
눈물을 흘렸기 때문이야.

트라우마

들숨 끝에서 멈춘 기억

하늘이 밝다.

밝은 날보다 그렇지 않은 날을 더 선호한다.

눈부심 속에서

길을 잃은 적이 있었다.

숨 고르기

나로 돌아오는 첫걸음

세상은 여전히 무언가를
바삐 재촉하고 있지만

잠깐 숨 고르는 일에
마음을 기울이기로 한다.

누군가의 손보다
먼저 잡아야 하는 건

언제나 내 마음 구석에
오래 앉아
말없이 나를 기다리던 나였다.

조용히 숨 쉬고 있어
가만히 숨 쉬는 일

흐르면 흐르는 대로
멈추면 멈추는 대로
들리면 들리는 대로

가만히 느껴 봐.

놓아도 흘러도 멈춰도
그게 너야.

모든 것은 제자리에 있으니까.

이미 있는 고요가
이미 있는 평화가
잔잔히 네 곁을 맴돌고 있어.

진짜 네 마음이
조용히 숨 쉬고 있어.

서두르지 말고

판단하지 말고
그저 있는 그대로

지금 이 순간
너는 충분히 괜찮아.

초록집
호흡이 감싼 공간

돌이켜 보면
온전한 것들 속에 피어 있었습니다.
붉은 것은 더 붉고
치열하게 살아가야 했고
검은 것은 언제나 자기 속내를
드러내지 않았으며
노란 것은 뒷짐 지고
중용의 덕을 논했으며
흰 것은 뚜렷한 승자와 패자
흑과 백이 필요했습니다.
다만 푸른 것은
그게 어디든 개의치 않고
뿌리를 내려 생명의 꽃을 피워냈습니다.
세상이 바뀌고
세월이 흘러도
우리는 온전한 것들 속에서
초록집을 벗 삼아 피어 있습니다.
다 떠난 빈자리에
누군가 심어놓은 나무 한 그루면
잠시 쉬어가기 충분했습니다.

유랑자
심호흡이 필요한 순간

확실한 한 가지가 있지.
유랑자처럼 떠돌다가
무언가에 이끌려 다시 집으로 돌아간다는 것.
집은 돌아오는 족족 잠재우려고 들지.
바람 잘 날 없는 육중한 삶의 무게를
중력이라 믿으며 의심 없이 살아가는
이 땅 위를 두 발로 직립하는
인간들이 만든 노아의 방주.
며칠째 비가 내렸다가
며칠 뒤 해가 떠오르면
또다시 유랑자가 되어
이곳저곳 기웃대지.

괜찮아 지금 가도 돼

숨 그리고 이끌림

괜찮아
지금 가도 돼.

노력해도 안되면
그땐 쉬어가도 돼.

지치고 힘들 땐
조금씩 가면 돼.

조금 쉬어가도
늦게 가도
누구나
목적지에 이르게 되어있어.

그러니 괜찮아 지금 가도 돼.

이곳의 숨;

숨은 잊고 있었던 나를 다시
여기로 데려온다는 것을 잊지 말아요.

오늘 잠깐 멈춰 서서 내 숨소리를 느껴봐요.

지금 이 순간
눈을 감고 1분간 숨소리에 집중해봐요.

들숨은 '살아있다',
날숨은 '고요해진다'라고 마음속으로 읊조려봐요.

숨은 감정의 물결을 건너는 다리이기도 하니까요.

두 번째

집중하기;
흩어진 마음에도 돌아올 자리가 있다

우리는 하루에도 수없이 마음이 흩어지는 경험을 해요.
생각은 과거에 머물고 감정은 미래를 걱정하며
지금 이 순간을 놓치며
하지만 집중은 멀리 있지 않아요.

바로 지금 내가 있는 이 자리에서
잠시 멈추어 바라보는 그 순간이 집중이에요.

집중은 억지로 무언가를 붙잡는 것이 아니라
흩어진 마음이 제자리를 기억해내는 일이에요.

떠도는 나를 다그치지 않고
그저 부드럽게 다시 돌아오는 것.
그게 집중의 시작이에요.

지금, 눈앞에 있는 사물 하나를 10초간 바라봐요.

그것의 색, 모양, 감촉을 조용히 느껴보세요.

무엇이 느껴지나요?

글 안에서 글을 찾을 때
멀리 돌아가야 보이는 것들

글 안에서 글을 찾을 때
갔던 길을 돌아왔다.

아는 사람은 다 안다는 지름길이 아닌
먼 길을 뒷걸음질 치며 걷기.

시간 내 풀지 못해
한 줄로 찍어버린 시험을 치르면서

아슬아슬 두어 개는 맞을지도 모른다는
기대감을 품은 채

이미 한참 전에
나를 잃어버린 후의
후회였다.

사진 속의 시간
늦었지만, 안녕이라고

누군가 바라본 하늘을 보고 있었다. 늦었지만 그 사람을
이해할 수 있을 것 같았다.
아니 어쩌면 이해하고
싶었던 걸지도 모른다.

그 하늘 아래
그는 어떤 표정으로 서 있었고
무엇을 생각하고 무엇을 견디고 있었을까.

바람은 그저 스쳐 갔을까.
아니면 그를 바람 속으로 데려갔을까.

시간이 흘러도
사진 속엔 여전히 그 사람의 시선만이 남아 있었다.

그는 아마 꿈을 움켜쥔
손으로 셔터를 눌렀을 것이다.

빛이 닿기도 전에
이미 마음이 먼저
기울어 있었을 것이다.

누군가를 공감하고 이해한다는 건
같은 시공간 속에서 함께 바라보는 일이다.

하지만 아주 가끔은
먼 미래에서도 사라지지 않은
그의 뒷모습을 발견하고
조용히 알아차리는 일이기도 하다.

그가 본 하늘이
잠시 내게 걸어오는 말을
지나치지 않고
다시 그 마음을 들여다보며
작별인사를 나누는 오늘처럼
늦었지만…안녕이라고…

가다 멈추다 또 가다
길 위에서 길을 찾다

가다 멈추다 또 가다
인생이란 본래 그런 거야.

어디서 멈춰야 할지 알 수 없어.
매번 제동거리를 가늠하지 못해
길을 헤매게 되지.

여기서 멈출까
하지만 마음은 더 멀리 가라고 속삭이지.

속도가 붙으면
목적지를 지나쳐버리기도 하고
멈춰야 할 순간을 놓쳐
낯선 길로 접어들기도 해.

때로는 길을 잃은 순간이 찾아오기도 하고
알 수 없는 곳에서 방황하며
길을 찾으려 애쓰지.

하지만 그런 순간에도 계속 가야만 해.
길이 없다고 느낄 때조차 그때가 어쩌면
새로운 길이 열리게 되는 순간일지도 모르니까.

꽃말

말없이도, 보여

고운 얼굴로 자꾸만
말을 건네오는 꽃말.
말하지 않아도 알 것 같아.
네가 들려주고 싶은
살랑살랑한
봄의 이야기를.

동병상련
편견 없는 마음

이랬다저랬다
고유의 색깔을 버리고
머릿속으로 가능한
모든 경우의 수를 펼쳐놓고
상상하며 결론을 내는 일들.
중요한 일을 앞두고
스스로 내리는 의사 결정 하나가
이렇게나 복잡하고
어려울 때가 많다.
그런데도 나 아닌 타인을
무턱대고 믿는다는 건
인생을 건 승산 없는 도박일지도 모른다.
어쩌면 아무도 믿지 않는 편이
오히려 속 편한 일이 될지도 모른다.

그런데도 설득당하는 순간이 온다.
믿어달라고 말하는
사람의 진정성을 보게 될 때

세상 속으로 손을 뻗어
무엇이라도 잡아보려는
사람의 간절한 마음을 보게 될 때면
왠지 모르게 숙연해지고
헤아려 주고 싶을 때가 있다.
그런 모습이 가장 진실에 가까운
사람의 본심이기 때문이다.

믿는다고 할 때마다
작은 믿음이라도 보여주기 위해
1%의 노력이라도 더 하려고 드는
사람의 땀과 노력을 믿는 것이다.
그것이 우리가 도달할 수 있는
가장 인간다운 모습일 테니까.
그 언저리 어딘가에서 살아가는
우리도 미약한 존재이기에.

침묵의 대가
동조

보이는 세상 속 보이지 않는 마음으로 인해
거대한 묵언의 거짓이 탄생하곤 해.
그리고 그것이 진실인 양
모두를 감쪽같이 속이지.
침묵은 언제나 진실을 숨긴 채
거짓이 거짓인지
진실이 진실인지
그 복잡미묘한 알 수 없는 얼굴로
조용히 말을 걸어오지.
"지금부터 선택은 네 몫이야.
내 손을 잡을지, 말지 선택하는 것은
너라고." 말이야.

당장에 흔들리지 않는
고요한 침묵을 편애한대도
침묵의 흐름에 두 발을 모두
맡겨선 안 돼.
침묵의 사용법을 제대로 숙지하기 전까지

어떤 혹독한 대가를 치러야 할지
아무도 알 수 없을 테니
너를 어디로 데려갈지도.

빛이 되기 전

어둠이라는 시간

빛을 따라
고요 속으로 걸어 들어가면
가끔 그런 생각이 들어.

눈앞을 가리고 있던
두터운 어둠조차
사실은 가장 큰 빛이었다는 거.

어둠이 없었다면
우린 빛을 이렇게나
오래 기다리지 못했을 거야.

뚜벅뚜벅
한 걸음씩

달달함이 있어야 견딜 수 있는 노곤함이
오후를 침범할 때
나의 길 위에서
방황하지 않고 잘 가고 있습니다.

때로는 모질어 보이고
어설프게 보이는 게 인생이어도
가던 길 위에서 멈출 수 있는
선택지는 없어요.

완벽하지 않아도 잘 해내지 못해도
끝까지 가는 게 내 삶에 대한 최소한의
예의이고 의리니까요.

생을 알다
말을 통한 삶의 조율

사람의 말은 언제나 GPS 역할을 한다.
생으로 가는 길인지 멸망으로 가는 길인지를
여실히 보여주는 이정표.

삶의 흥망성쇠는 우리와 가장 가까운
입에서부터 출발한다.

이곳에 생이 있고 복덕이 있다.

인식한다는 것
그대로 보기

눈으로 인해 보이는 오해는
지금 눈앞에 보여지는 것들로
성급히 판단하려 들 때 생겨난다.

보이는 것을
곧바로 진실로 여기는 순간
보이지 않는 마음과 의도는
바라보는 자에 의해
쉽게 다른 의미로 옮겨지고 만다.

그러니 거짓과 진실은
대개 사물이나 사람이 아니라,
바라보는 이의 해석 속에서 갈라진다.

우리가 보는 것보다
보지 못한 것이 더 많다는 사실을
늦게서야 깨닫게 되는 이유도
아마 그 때문일 것이다.

'아는 만큼 보인다'는 말의 태생이
결국 이 지점에서 비롯된 것인지도 모른다.
보이는 세계는 언제나
내가 알고 있는 만큼만
내게 모습을 드러내기 때문이다.

이곳의 숨;

흩어진 마음은 언제든 돌아올 수 있어요.

하루 한 번 눈을 감고 하나의 소리에만 귀 기울여 봐요.
컵에 부딪히는 소리
창밖 바람 소리
숨소리
그 하나에 집중하면 마음은 자연스럽게 다시 모여들어요.

세 번째

알아차리기;
내 마음의 온도를 측정하는 시간

알아차림은 겉으로 보이는 표정이 아니라
속에서 움직이는 감정의 결을 바라보는 거예요.

마음이 뜨거울 때는 왜 그런지
차가울 때는 어디서부터 그렇게 되었는지
그저 '아, 그렇구나' 하고
판단 없이 인식하는 연습이 바로 알아차림이에요.

그 순간, 우리는 반응을 선택할 수 있게 되고
어떤 감정도, 어떤 생각도
곧 흘러간다는 사실을 경험하게 돼요.

알아차림은 지금의 나를 존중하는 첫걸음이에요.

지금 내 마음에 가장 크게 떠오르는 감정은 무엇인가요?
그 감정에 이름을 붙여보고 조용히 숨을 내쉬어요.

러너와 체이스
도망치지 마, 쫓아가지도 마

우리가 가장 두려워하는 것은
결국 우리를 지배한다.
구스타프 칼 융.

처음에는 게임 같았다.

그가 다가오면 나는 도망쳤고,
내가 멀어지면 그는 쫓아왔다.

그렇게 술래잡기를 반복하는 동안
나는 점점 더 빠르게 뛰었고
그는 점점 더 집요하게 따라붙었다.
어느 순간부터 우리는
서로를 향해 전력질주하고 있었지만
거리는 좀처럼 좁혀지지 않았다.

"너를 잃으면 내가 사라질 것 같았어."

그의 말에 나는 슬쩍 한숨을 쉬었다.

"그 말, 이제 좀 질리지 않아?"

그는 어깨를 으쓱하며 웃었다.
"그래도 사실이야
그러니까 그렇게까지 붙잡으려 했지."

"그래서 어땠어?"

"너는 더 멀어졌고, 나는 더 지쳤어
그리고 문득 깨달았지.
붙잡으려 할수록 너는 도망가고
놓으려 할수록 네가 돌아온다는 걸."

나는 팔짱을 끼고 그를 바라보았다.
오랜만에 정면으로 마주하는 얼굴
늘 내 뒤에서 달려오거나,
저 멀리 앞서 가 있던 사람.

"사랑이 생존이었어?"

그가 고개를 끄덕였다.
"응, 너 없으면
아무것도 아닐 거라고 생각했거든."

나는 짧게 웃었다.
"그래서?"

"그래서 우리는 서로를 살리려다
서로를 잡아먹을 뻔했지."

나는 고개를 들어 밤하늘을 바라보았다.
그가 도망치면 내가 쫓고
내가 멀어지면 그가 다시 붙잡고
어쩌면 우리는 사랑을 한 게 아니라
서로에게서 도망치거나
서로를 쫓느라 바빴던 건지도 모른다.

"우린 러너와 체이서였지." 내가 말했다.
"나는 도망쳤고, 너는 쫓았고

내가 멈추면 네가 손을 뻗었고,
네가 지치면 내가 돌아섰어.
그렇게 반복하다 보니,
어느 순간부터 왜 달리는지도 모르겠더라."

그는 피식 웃으며 손을 펼쳐 보였다.
"그렇게까지 했는데, 손에 남은 건 뭐야?"

나는 그의 손을 바라보았다.
비어 있었다.
그리고 내 손도 다르지 않았다.

나는 고개를 저으며 웃었다.
"아무것도 없지. 원래부터 없었을지도 모르고."

그는 한숨을 내쉬었다.
"그럼 인제, 넌 어떻게 할 거야?"

나는 심각한 척 손을 턱에 올렸다.

"흠… 아무래도 달리는 건 이제 그만 둬야겠어.
너를 쫓지도 않고, 기다리지도 않고
그냥 여기 서 있으려고."

그는 눈썹을 올렸다.
"그럼 난?"

나는 한쪽 어깨를 으쓱였다.
"네 맘대로 해. 도망가든, 멈추든."

그는 조금 고민하더니, 장난스럽게 물었다.
"그리고 만약 언젠가, 우리가 같은 속도로 걷게 된다면?"

나는 잠시 생각하다가 씩 웃었다.
"그때는 더 이상 도망치지도,
뒤쫓지도 않고,
그냥 같이 걸어주지, 뭐."

바람이 불었다.

우리 사이의 거리는 여전히 있었지만,
이제는 더 이상 멀어지지도,
가까워지지도 않았다.

어쩌면 사랑이란 그런 것일지도 모른다.
전력 질주해야만 하는 것도,
목숨 걸고 붙잡아야만 하는 것도 아니다.
그냥 각자의 속도로 걷다가,
어느 날 같은 보폭이 되면
그때 함께 걸으면 되는 것.

그저 그렇게,
우리는 각자의 자리에서 숨을 골랐다.
멀어지지 않는다는 것,
그것만으로도 충분하다는 듯이.

카르마

눈 밖의 눈

눈 밖에 눈이 있었다.
그 아래 숨겨진 채
잊히지 않는 것처럼.

아무렇지 않다는 말
표정 뒤 표정

울 것 같으면서도 끝내 눈물은 삼키기.
나도 모르게 차오르는 눈물은
베개 밑에 꼭꼭 숨겨두기.

너무 오래 견뎌
눈물 같지 않은 눈물이 흐르면
아무도 찔리지 않게

알맞은 거리에서
아무렇지 않게 살아가기.

사각지대 어느 밤

나를 들여다보면

이따금 떠오르는 밤을 지나쳐야 해.
몇 정거장 지나 새벽녘이 올 때까지
스스로 비워가도록
지켜보아야 할 것들이 있지.

울어도 울어도 계속해서 차오르는
눈물이라든지.
수백 번도 넘게 보여주었지만
끝까지 알아봐 주지 않던
변함없는 마음이라든지.
외면하듯 태연하게 돌아서던
당신의 마지막 뒷모습이라든지.
흔들림 속 주체할 수 없는
감정으로 야기된 잘못된 선택이라든지.
태양이 다시 떠오르기 전까지
말끔히 비워내야 할 것들이
누구에게나 꼭 있어.

울컥하는 순간
반응하는 온도

모든 마음이 대기 중이었지만
굳이 먼저 일어서서
몸 밖으로 밀고 나오는
마음까진
막아 세우진 못했다.

측량 오류
행운의 법칙

그럴듯한 행운이란 없다.
죽지 않을 만큼의 노력이
선행되지 않았다면.

오해

뒤늦은 알아차림, 후회

선부른 판단이 낳은 오해들 속에서

우리는 보이고 들리는 것에 번번이 발목이 잡힌다.

괜찮다고 말하던 그 순간
당신의 그을린 마음을 미처 보지 못하고
그냥 지나친 건 아닐까.

꽤 오랜 시간
당신이 내 앞에 서 있었다.

우주와 나
내면을 알아차리는 시선

영혼이 빈 사람들은 늘 무언가로
그 빈자리를 채우려 애쓰지.
물질이든 사람이든
뭐라도 채우지 않으면 불안하니까.
자기 자신이 없으면 오히려 더 강하게
집착하게 돼.
사람에게 돈에 물건에
끝없이 매달리며 자신을 잃어버리지.
하지만 영혼으로 가득 찬 사람은
아무것도 붙잡지 않아.
누구에게도 무엇에도 얽매이지 않지.
자신 안에 이미 모든 것이 있으니까.
그들은 알고 있어.
우주 속에서 '나'라는 존재가
여기 있는 나에게
신호를 보내고 있다는 걸.
영혼이 깨어난 사람은
자신으로 가득 찬 사람이지.
그래서 그만큼 변하지 않고
오롯이 자신 그대로
순수한 채로 존재하는 거야.

본능적으로
씨앗을 뚫는 힘

피할 수 없는 임무가 주어졌을 때
우리는 본능적으로 어떤 수를 써서라도
그것을 해결하려고 한다.

심연 속에서 꿈틀대는
"깨어나려는 불씨처럼."

탈피

뜨거운 허물

다신 사람 따윈 믿지 말자고 했지만
돌아서면 잊어버리고 떠오르는
수고로움을 잊은
아침 해의 부지런함은 46억 년 된
기억 속 습관에 있었고,
날마다 반복되는 유수 같은
세월 속 마디 마디에 각인된
믿고 따르던 나의 역사도
습관 속 어딘가에 있었습니다.
때때로 아닌 말이 맞는 말로 둔갑하고
드러난 뜻보다 숨긴 뜻이 켜켜이
무겁게 쌓여
평생토록 넘볼 수 없을 것 같은
험산 하나가 만들어졌습니다.
나라는 사람의 형태를 보존하고
덮고 있던 온갖 살갗이
낱낱이 벗겨지는 수모와
말할 수 없는 고통을 감내해야지만
겨우 산과 골짜기를 넘어 숨겨졌던

사람의 진의를
파헤칠 수 있을 것만 같았습니다.

다른 사람을 통해 의존적으로
무엇인가를 이루어 낸다는 어리석음과
무엇인가 남겨진다는 생각의 오류가
서로가 빚어낸 오랜 착각이었습니다.
다만 찾아낸 것은
오늘 저물어 가는 건
오늘 해라는 것과 오늘 눈물이
내일 눈물을 의미하는 게 아니라는 사실.
나는 나, 너는 너.
우린 모두 다르다는 것이었으며
그 가벼움이 나를 살린다는 것이었습니다.

희망 고문
꿈

항상 뻔한 정답은 이미 정해져 있어.
그래도 아닌 척 모르는 척
기대하며 살게 돼.
혹시나 해서
닫힌 결말을 열어갈
한 가닥의 실마리라도 있으면
허황한 꿈을 꾸지.

머무른 영혼들
보물섬

머무른 영혼들은 스산한 바람이 불기 시작하면
또다시 흩어져 간다.

멀어지기 위해 잠시 머물 듯
어딘가에 있는 각자의 보물섬으로 떠나가는 존재들.

너와 나로 스쳐 가고
한때의 바람이 되어 사라진다.

마음이 동하는 동안만
서로의 영혼을 붙들 수 있다는 걸 이미 알아버렸기에

사람이 사람의 탈을 쓴 이를 애태우며 기다리는 것만큼
허망한 일도 없다는 걸 이제는 안다.

잠시 머물다 간 인연들 남기고 간 영혼의 말들
서로의 계절을 왕래하며 스며든 냄새들이
이 생의 결이 되기까지
우린 얼마만큼 서로에게 친절했었나.

영혼의 순례길

수행자

학창 시절 친구들에게 외면당한 후
더는 마음을 터놓을 친구가 없다는 사실은
마치 내가 살아온 행성에서 추방된
떠돌이 외계인이 된 듯한 기분이었다.
그 고통은 마치 누명을 쓰고 재판정에서
사형선고를 받은 뒤 유유히 형장으로 끌려가는
세상에서 가장 불운한 사람의 심정과도 같았다.

차갑고 시린 폭풍우가 몰아치는 허허벌판에서
홀로 생존을 위해 추위와 맞서 싸워야 하는
계절에 맞지 않게 핀 꺾인 꽃처럼
고독하고 고립된 느낌이었다.
그래서 그때의 내가 나에게 할 수 있는 전부는
그 세계에서 조용히 자취를 감추는 것이었다.

그렇게 오랜 시간 허우적대며
도미노처럼 무너져 가던 순간들 속에서
깨닫게 되는 것들이 있었다.

우리는 각자의 무게를 짊어지고
살아가는 수행자라는 것을.

삶의 결과도 과정도 정해진 법칙도 없으며
누구의 고통이 더 크고 덜한지 비교될 수 있는
기준조차도 사실 없다는 것을.

그저 우리는 스스로 감당할 수 있는
영혼의 무게를 짊어진 채
매일 자신이 만든 순례길을 걸어가면 되는 것이었다.

얼마만큼의 짐을 어떤 식으로 짊어질지는
모두 내가 결정하면 되는 것이었다.

도망치고 싶은 마음

회피 속에 숨은 신호

어딘가에서 벗어나고 싶을 때가 있어요.
그게 꼭 나쁜 건 아니에요.
당신이 더는 안 괜찮은 자리에
오래 머물렀다는 뜻일지도 모르니까요.

그러니 힘들면 도망쳐도 괜찮아요.
도망칠 땐 확실하게
나를 위해 도망쳐야 해요.

도망가야 할 때 머무르면
몸도 마음도 무너지고
안 가야 할 때 도망치면
정말 소중한 것들까지 놓쳐버릴 수 있어요.

그래서 우리는 도망갈 때와
머물러야 할 때를 잘 구분해야 해요.

갈 거라면 제대로 나를 위한 피난처로 도망가요.
다시 나로 돌아올 수 있는 그런 곳으로요.

당신이 도망치는 그 자리가
비난이 아니라 회복이 되기를
진심으로 바라요.

숨 한 번 제대로 쉴 수 있게.

무뎌진다는 것
감정의 마모를 알아차림

나이가 들수록 정착되는 무기는
더 이상 오늘 하루가
유별나게 복잡해지지 않는
무뎌짐이다.

이것도 저것도 다 좋을 순 없어도
좋아하는 것을 좋아하면서도
싫어하는 것을 들춰내어
굳이 싫어하지 않게 되는 것이다.

풍향계

흔들릴수록 굳어지는 마음

당신이 어디에서 오는지
나는 끝내 알지 못했지만
흔들리는 매 순간마다
당신이 있었다.

바람에는
주인이 없었지만
나는 매번
당신 쪽으로 기울었다.

끝내 당신을 향해
쓰러져 버린 나였다.

죽어있는 화분에 눈치 없이 물주지 않기

감정의 끝자락에서 멈춤

입추가 문턱을 지나갔지만
여름날은 아직 멈추지 못했다.
'지나간 것을 품고 사는
미련한 사람처럼 뜨겁다, 쓸데없이.'
자기 것을 내어주는 사랑에도
시효가 있다는 걸
가끔은 알아차릴 필요가 있다.

천문
너는 나, 나는 나

빛이 꺼지고 어스름이 내려 앉았다.
천문이 열리고
사람을 살리는 두 문장이 커졌다.
너는 너,
나는 나.

달라질 것 없는
서로의 질량 속에서
더는 무게를
더하거나 빼지 않아도 된다.

사람이 드나드는 방
그곳엔 처음부터
누구의 것도 없으니까.

철마다 기억이 고랑을 파며 고이고
시간이 잠시 따라 누운 동안
온기만 남았다.

그것이면 충분했다.
시간은 흘렀고
존재하는 것은
그저 시간의 여행자로
그 자리에 머물다 빛처럼 흩어졌다.

감정의 이해
구름처럼

구름을 가두려는 사람은 없어.
가끔 하늘을 올려다보며
잘 흐르고 있는지
궁금해지면 그곳에 멈춰 서서
잠시 구름이 머무르는
그림자 아래에서 살아보는 것일 뿐.
잡는다고 잡을 수 있는 건 없어.
가둔다고 가두어지지 않듯
흘러갈 때까지
이유 없이 기다려야 할 것이 있어.

무용한 것들
비울수록 채워지는 것을 알아차림

흐름 속에 가라앉은
세계의 미묘한 잔상.
낙엽 위에 내려앉은 청춘의 순수한 열망.
쇠락한 나무 위로
드리운 노인의 발자국 소리.
마른 가지에 맺힌 노랫말의 여운.
바람에 흩날리는 먼지 같은 생.
폭풍 속에서 지켜낸 아이와의 작은 약속.
닳지 않은 얼굴로
흐릿한 문장을 쓸어내며
지워지지 않는 말들을
축복처럼 간직한
거룩한 두 입술.

누군가에겐 쓸모없어 보일지라도
사실은 심연에 남겨진
질서의 미립자
어쩌면 티끌 같은 변명들.

인연의 시작과 끝
안녕

아무리 네가 있는 곳으로 건너가 보아도
닿을 수 없는 과거의 너라면.
숨을 헐떡대며 네가 있는 곁으로
뛰어가 보아도
도무지 잡을 수 없는 미래의 너라면.

옷깃을 스친 인연을 핑계로
마음 안에서 알 수 없는 서로의 모습으로
자라나게 방치해서 안 되는 이유가 있는 거야.

자주 숨이 차고 울분을 토해내면서까지
서로의 옆자리를 지키는 게 사랑은 아니니까.
지금 숨 쉴 수 있는 곳에서
사는 게 살아있는 사랑의 본질이 될 테니까.

더 이상 너와 나
현재의 이야기로 채워갈 수 없다면
서로를 제때 잘 놓아줘야 해.

그간 벌어진 틈새를 비집고 자라난
무수한 것들이 거대한 빙산이 되도록
용납해선 안 되는 거니까.

그러니 어떻게 해도 잡을 수 없는 옷깃이라면
제때 잘 놓아줘야 해.

산으로 계곡으로
홀로 헤매지 않으려면 말이야.

T가 되고 싶은 F
이성과 감정 사이에서

뻔한 하루가

뻔하게 끝나는 게

때로는 가장 큰 위로가 된다.

당신들이 있기에
숨, 이어짐

한 번도 괜찮은 적 없었던 당신이
오늘도 내게 괜찮다며
토닥토닥 예쁜 말을 걸어온다.
지쳐 쓰러질 때까지
한 번도 쉬지 않고 내달려 왔을 당신이
내일은 또 다른 희망이 샘솟을 거라며
어제보다 더 느슨해진 관절로
뚜벅뚜벅 걸어와
두 눈을 맞추며 고개를 끄덕인다.

나는 알고 있지.
그것이 당신이 당신으로 살아가는 법이란 것을.
당신에게 삶은 영역이 안겨주는
고통 속 저항이 아닌
순응하는 자연 속 일부였을 뿐이란 걸.

소중한 것을 지키기 위해 모든 걸 참고
견뎌낸 당신은 언제나 위대했고
그것이 부모가 되어가는 길이었단 걸.

나의 부모님 당신들을 통해 알게 되지.

아빠 엄마 걱정 마세요.
난 괜찮아요.
당신들이 있기에.

기도

촛불처럼

어디에 있든지
상관할 바 없다는 듯이
묘연해진 행방을 거침없이 찾아낸 너.
바람이 불어왔다.
나뭇가지를 흔들어서
잎사귀가 흔들린 걸까.
그냥 다 흔들린 걸까.
나는 그 앞에서 촛불이 되었다.
남은 심지를 아낌없이 태우며
그 순간을 견뎌내는.

빛과 어두움, 그리고 나
나를 인식하기

음과 양은 분리될 수 없는 하나의 몸체란다.
빛은 어둠 속에서 자신을 드러낼 수 있지.
무엇이 탄생한다는 건
하나의 존재로 외부에 실재하게 된다는 걸 말해.
우린 언제든 내가 인식한 세상 속에서
다시 태어나 나로 살 수 있고
또 다른 내가 될 기회를 가질 수 있어.

그건 매일 눈을 뜨기 전
때에 맞춰 어떤 나로 살아갈지
명령어를 입력값으로 써넣을 수 있기 때문이야.
우리는 이것을 기도 또는 바람이라고
읊조린단다.

이어지는 듯하지만 이어지지 않는
혼돈의 지대를 지나야
끊어지는 듯하지만 끊어지지 않는
신의 영역으로 우린 모두 초대되지.

그러기 위해선 빛과 어둠 속에서 셀 수 없는
매일의 나를 맞이하고
장막으로 휘감긴 미지의 땅에서
빛으로 드러나게 될
어떤 존재의 모습을 꿈꾸며
어둠 속에서도 보이지 않는
미래의 지도를 그리며 살아가야 해.

소우주
한 방울에 깃든 하늘

누구나 올려다보는 하늘보다
우물 속에 담긴 하늘이 더 깊어 보였다.
물이 흔들릴 때마다
별이 부서지고 달빛이 가라앉고
어디에도 닿지 못한 바람이
물결 아래서 춤을 추었다.

고개를 넘지 않고서도
고개를 들지 않고서도
꿈을 꾸었다.

우물보다 작은 그릇에도 하늘이 담긴다면
그보다 작은 물방울에는 무엇이 깃들까.

흩어지는 순간
그것은 더 이상 하늘일까
아니면 잃어버린 바다가 될까.

삶은 위대한 목적 속에 존재하지 않았다.

태어나고 흘러가고 사라지는 일.
물방울이 마른 땅에 스며드는 것처럼
높이 올라야 하늘을 볼 수 있는 것도
멀리 가야만 세상을 만날 수 있는 것도 아니었다.
작은 물방울 속에도 우주는 반짝이고 있었다.

나는 나를 둘러싼 우주를 마셨고
이 우주 안에서 숨을 쉬었다.

우물 속 하늘과 내 눈동자 속 하늘과
내가 알지 못하는 또 다른 하늘들이
무수히 서로를 비추고 있었다.

우리는 서로의 출입문이 될 수 없었다
닫힌 문 앞에서

새로운 것이 찾아와도 들어오지 못해
나간 것이 없으니 도통 들어오질 못하지.

세상을 향한 문은 항상 사선이었어.
직선으로 여닫는 법을 배우지 못했으니까.
문을 여닫을 일이 없으니
배울 필요가 없었지.

당신 말고 다른 건
믿을 게 못 되는 세상이었거든.

어디든 가려는 당신을 잡고서
보내지 못한 것도
나약한 젊음이 한 입 베어 물까 우려스러운
여기는 에덴동산이야.

순환시키지 못한 아담과 이브가
고요한 태풍의 눈 속에서 사는 곳.

젊음의 에너지가 고인 물속에서
첨벙 대지 못하고 잠들어가는
우리는 스치는 영혼이야.
나는 당신의 청춘을 기억하는 신줏단지야.

내가 너를 느낄 때 나는 외롭지 않다
나와 너의 경계가 흐려질 때

제대로 바라볼 시야를 갖추고
내가 나를 알아갈 무렵 이해가
되기 시작했으며
돌연 응어리져 있던 것들이
용서되기 시작한다.
어쩔 수 없는 상황이었다.
피해 갈 수 없는 인생 속
걸림돌일 뿐이었다.
더는 받쳐주지 않던 환경도
하나같이 궁색했던 변명들로
채워져 있던 상황들도
무겁게 스스로 짓누르지 않았다.

티끌처럼 가벼울 순 없어도
어차피 지나가는 바람처럼.

순식간에 모든 걸 훑고 지나가는
이 인생을 그대로 이해하기로 한다.

나만 아프지 않고 나만 슬프지 않다.
나 혼자서만 사랑하는 게 아니라
내 앞에는 언제나 너가 있었다.
외롭지 않았다.

친구가 연인이 부모가 형제가 아니어도
각별했던 순간 속에서 수없이 너를 만났다.
너의 나와 나의 너가 서로의 너로 불리며
이 삶을 지탱하고 있는 것
너로 인해 외롭지 않은 생애를 걸어온 것만으로
세상 속 모든 너에게 고마워해야 함을 느낀다.

길게 이어지지 않는 인연의 빛 한 줄기라고 해도
그 빛의 파장으로 또 다른 인연을
빚어내고 있음을 알아갈 무렵
봄 여름이 만들어준 이 가을
그 흔적들 앞에서 익어가면서도
고개 숙이는 계절을 보며 지나간 너를 느낀다.

안부

인사

혹시나 하는 마음으로
안부를 묻습니다.
당신은 대답하지 않으셔도 됩니다.
서로 대답할 의무가 없는
가슴속 맺힘이기 때문입니다.
요즘 어떻게 지내는지요.

이곳의 숨;

지금 내가 느끼는 감정은 지나가는 구름 같은 거예요.
다만 나는 그걸 볼 줄 알아야 해요.

오늘 내 마음이 어디를 향하는지 조용히 살펴봐요.
기쁨이어도 좋고 불안이어도 좋아요.
그저 '아, 지금 이런 마음이구나' 알아차리기만 해요.
판단 없이 바라보는 것 그것이 알아차림이니까요.

네 번째

수용하기;
있는 그대로 둘 수 있을 때 마음이 풀린다

때로는 마음이 울퉁불퉁하고
기분이 이유 없이 가라앉을 때가 있어요.

그럴 땐 억지로 바꾸려 하지 말고
그냥 그 감정을 그대로 두는 것도 괜찮아요.

'지금 내 마음이 이렇구나' 하고
가만히 바라보는 것만으로도
조금씩 편안해지기 시작하니까요.

수용은 잘 버티는 게 아니라
있는 그대로 나를 이해해 주는 일이에요.

있는 그대로 수용하기
지금, 생

전생에 내가 나를 설계했기에
지금 여기에 내가 온 건지도 몰라.

이생을 내가 선택했기에
찾아오는 고통도
다 내가 감당할 수 있는 것들이야.

그러니 삶이 잔인하게 느껴지는 순간이 와도
나를 포기하지 마.
그 감정 하나하나가 내가 이곳에서
열심히 살고 있다는 증거일 테니까.

그거면 돼.
그게 전부야.

잠시 웅크리는 날이 찾아와도
멀리 도약하기 위한 준비라
굳이 스스로 포장하지 않아도 괜찮아.

그저 이생의 무게를 더 잘 견뎌내기 위해
숨 고르는 중인 거야.

웅크리고 있어도 괜찮아.
주저앉아 울어도 돼.

지금 이 순간
숨 쉬고
나를 느끼고 있다면
나는 이미 내가 하기로 한 일을
잘 해내는 중인 거야.

슬픔의 종류
성장의 통로

울 수 있는 슬픔이라면
펑펑 울어버리고 싶다.
울음이 모든 것을 해결해 준다면
얼마나 많은 이들이
기꺼이 눈물을 흘릴 것인가?

하지만 슬픔을 알아주고
위로해 줄 세상이 있다면
과연 그 슬픔은 진정한 슬픔일까?

때로 소리 내어 울 수 있는 슬픔은
지나가는 소나기처럼 느껴지기도 한다.
짧고 강렬하게 휘몰아치다 사라지는 감정
그런 슬픔은 어쩌면 호사일지도 모른다.

울음이 끝난 뒤 맑게 갠 하늘을 보며
모든 것이 정리되는 순간이 찾아온다면
그건 슬픔이 아니라 오히려 안도감일 것이다.

하지만 세상에는 눈물조차 허락되지 않는
더 깊고 무거운 슬픔이 있다.
발버둥쳐도 벗어날 수 없는 고통.
묵묵히 견뎌내는 것 외엔 방법이 없는 현실.

세상에 드러낼 수도 없고
빠져나올 길도 없는 슬픔.
만약 지금 슬퍼할 수 있는 여유가 있다면
그것은 오히려 축복일지도 모른다.

슬픔을 느낄 수 있다는 것은
그 슬픔이
아직 다루어질 수 있다는 뜻일 테니까.
슬픔이 해결될 수 있는 것이라면
그것은 더 이상 슬픔이 아닐 것이다.

스스로 무게를 견디는 마음들을
감정의 존재를 허용하는 태도

꺼내어 쓰고 싶은 마음들이 있다.
손때 묻고 투박하여
용도도 쓰임새도 모호한
그러나 쉽게 놓을 수 없는 것들.

어디에도 맞지 않아
궁색해질까 걱정스러운
비뚤어진 글씨체로 남아
버려질까 두려운 마음들.

다시 숨겨두면
짙고 깊은 서랍 속에서
조용히 생을 마감할 것만 같은
놓아버리기엔 아쉬운 것들.

그러나 언젠가
꺼내어질 때를 기다리며
묵직한 서랍 안에서
스스로 무게를 견디는 마음들을.

미완의 아름다움
다 맞지 않아도 괜찮다는 마음

꼭 맞추지 않아도 된다.
완벽하게
조율된 순간이 아니어도

낮도 아닌, 밤도 아닌
노을이 가장 빛나듯이

완전하지 못한 때에야
찾아오는
어떤 아름다움이 있다.

장마

왈칵

왈칵 쏟아졌다.
더는 무겁게 출렁이며
담아둘 수 없어서
있는 힘껏 엎질러 버렸다.
이곳이 안전해서
흘려보낸 건 아니었다.
목 끝까지 차오른 물의 압력이
결국 터져 나와 포말처럼 부서지며
흘러가게 되었다.
습기는 증발한 눈물의 잔해
서늘한 공기 속에 맴돌며
천천히 깊게 스며든다.
그렇게 당신이 무성해진다.

그래도 내일은 웃자고
흔들리는 현실 속 자기 수용

나는 꽃밭에 핀 고운 꽃인 줄 알았다.
그러나 내가 서 있는 곳은
꽃길이 아니었다.
어디서 들이닥칠지 모르는 바람이
휩쓸고 가는 휑한 곡선 길을
매일 걸어가며 수시로 파이터가 되어
자유를 갈망하며 살아가고 있었다.

가끔 하늘을 올려다보며
초승달 같은 손톱을 다듬듯이
마음을 가다듬었다.
떨어지는 별똥별을 바라보며
아무도 듣지 못할 작은 소원 하나를 빌었다.

그래도 내일은 웃자고,
그래도 내일은 버텨보자고.

흔들리는 길 위에서도
넘어져 멈춰 선 자리에서도

다시 일어서 걷겠다고.

언젠가 이 길 끝에서
꽃 한 송이처럼 나도 피어날 거라고.

꽃샘
때를 기다리는

땅이 얼었던 마음을 어떻게든 다시 녹여내는
이맘때쯤이 오면
더 춥고 살갗이 아려와
마냥 오지 않을 것 같은
봄을 기다리는 설렘이 커질수록
아직 사람 안에 머문 겨울은
더 두꺼운 옷을 내어주며 바짝 다가와
가까이에서 옷깃을 여며주지.

때 이르다고
섣불리 판단하지 말라고
지금은 아무것도 알 수 없다고
따뜻해져서 외투를 다 벗을 때까지
눈앞에 놓인 현실을 직시해야 한다며
아직 해빙되지 않은 추위 속에서
호되게 다그치지.

나의 온도가 너의 온도를 떨어뜨리고
마음 온도가 바깥 온도를 밀어내며

다시 혹독한 겨울 속에 머무르며
꿈일지도 모를 봄.

활짝 웃고 있는 햇살 속에서
빛날 나를 생각해.
함께하는 너를 상상해.
스스로 외투를 벗어 던질 때까지
바뀐 건 아무것도 없지만
그럼에도 봄.

Sold Out
비움

얼버무리던 손끝이 매듭을 짓지 못하고
좌우로 흔들리다가 무너짐을 넘어
무뎌짐으로 길들어 더는 통곡이 아닌
기술을 배워가야 한다는
절박함이 숨통을 조여올 때
그토록 연습하던 바늘과 실을 자연스레 꿰어
공산품을 만들어 시장에 내다 판다.
꿈에 그리던 몸짓 안에 손짓이 포개어져
정밀화된 기술이 되어 보는 것.
어느 울음 하나 녹이 쇠를 삭히듯
꺽꺽거리다 제풀에 잦아들어도
어느 이별 하나 생이별 아닌 것이 없어.
가슴을 치며 피멍으로
부수한 열꽃을 피워내도
다 몸짓 안에 깃든 손짓으로
자신의 세계 안에 홀로 승화되어 가는 법.

어느 이는 글을 쓰다가 밥을 먹고
어느 이는 이 악물고 생쌀을 올리며

죽자 살자 절을 해대며
근성으로 무엇이든 쟁취하려 들지.

흔들리는 몸짓이라고
당장 잡히지 않는 것을 향해
손짓을 해대는 것이라고 한 대도
두 손을 놓고 있을 순 없어.
텅 빈 공간에
무얼 새겨 넣으며 살게 될지
아무도 알 수 없으니까.

닿지 않는 물속에 침몰하듯
버둥버둥해도 분명 오늘 밤 꿈속에서
애태우던 그 해답 하나는 찾게 될 거라고.
희미하게 무언가 보게 될지도 모른다고.
까닭 없이 태어난 사람이 없듯
머지않아 분명 넌
꿈이 되어있을 거라고 말하며
바늘과 실에 꿰어져 가던

뜯어진 너를 한참이나 바라본다.
울긋불긋해진 두 눈으로
가을 속 이별을 말하던 네게
밤새 새것처럼 박음질을 해대다가
도무지 참을 수가 없어.

나도 너처럼 꺽꺽 울어본다.
내일은 팔 물건이 없음을 알리는
팻말을 조심스레 내걸며
Sold Out.

남는 것들
기억이 만들어낸 실제

기억하고 싶은 것은 잘 잊히고,
기억하지 않으려 애쓰던 것만 떠오르는 것은
아직 못다 한 말이 남아서일까.

오래 버틴 것들만
가을을 맞이하고
겨울을 산다고 했다.

받은 사랑보다
건넨 사랑 앞에서
더 자주 서러움을 느끼고,

종종 사실은 지워지고
왜곡만 남아버린 사람의 기억 탓에,

우리는 사실 자체보다
기억에 남은 흔적을 더 실제에 가깝다고 여겼다.

유행병

면역력을 키우다

아팠던 기억은 쉽사리 사라지지 않는다.
고통받은 만큼
신음하며 몸부림친 만큼
때가 되면 찾아와 머무른다.

우리가 존재하는 한 지워지지 않는 기억을
애써 잊으려고 지우려고
이제 노력하지 않기로 해요.

때가 되면 발병하는 유행병으로
잠시 앓다 훌훌 털고 일어나는 걸로 해요.

후회
침묵

말로 다 품어 내지 못한 마음이 있다.
설명할수록 삐거덕거리고
나열할수록 어긋난다.
뼈를 맞추듯 스치우면
통증 속에 가라앉는
부력을 이용하지 못해
떠오르지 않는 날들이
이 밤을 덮는다.

천사의 날개
접힘의 미학

종이도 반으로 접혀야 날개가 생긴다지.
사람도 그래.
괴롭고 아픈 시간을 온몸으로 통과해야만
등 뒤에서 새싹처럼
날개 한 쌍이 돋아나기 시작해.

그 시간이 없었다면
우린 누군가의 아픔에
목메어 우는 법을 몰랐을 거야.

다시는 펼쳐지지 못할 것 같던
그 꺾이는 순간 속에서
우린 다른 이의 상처를 어루만질 줄 아는
천사로 다시 태어나는 거야.

그러니 살다가 접히는 고통이 찾아온대도
너무 무너지지 마.
그건 네 등에 날개가 돋고 있다는 신호야.
잊지 마.

혼자가 아니야
곁에 있어

불운 앞에서도 일상을 꾸리며
묵묵히 살아온 이라 하더라도
순식간에 찾아드는 불행 앞에서는
예외가 없다.
어느 날 급습하듯 날아든 불행의 화살을
피할 방법은 정말 없는 것일까.

그렇지 않다.
지난 시절의 나를 돌아보면
그 해답을 찾을 수 있을지도 모른다.
최소한의 선을 지키며 양심껏 살아왔다면
또 주변에 호의를 베풀며
남과 더불어 살아왔다면
불행도 반감되어 당신을 찾을 것이다.
그리고 지금의 고통에서
벗어날 수 있게 천사와 귀인이
주변에서 당신을 기다리고 있을 것이다.

항상 가는 길이 옳았던 당신이라면

어떤 불확실한 상황이 연속되더라도
끝까지 자신을 믿고
걱정하지 않기를 바란다.

당신을 지켜줄 수호천사가
곳곳에서 당신을 도울 방도를
찾고 있을 테니
지금 당신은 혼자여도
혼자가 아니다.

내게 가장 좋은 사람
나

내가 어디에서 무엇을 하든
나는 분명
옳은 일을 하고 있고
옳은 길로 가고 있으며
좋은 사람과 함께 합니다.

살아온 일생 속 매일 밤
뜬눈으로 지새우며
수많은 선택을 해왔고
때론 피나는 노력으로 나를 만들어 왔습니다.

나는 그 노력으로 일궈온 현재의 삶을
사랑하고
지금 내가 자리 잡고 있는
상황도 사람도 일도
만족합니다.

왜냐하면 나는 내 선택과 노력을 믿는
내게 가장 좋은 사람이기 때문입니다.

내려놓는 순간
눕는다는 뜻

서 있을수록
눕고 싶었다.

버티는 척 오래 하면
허리가 먼저 꺾이니까

바람이 먼저 눕는다.

그다음에
내가 눕고
그다음엔
아무 생각도 없었다.

귀소본능
소속감

사람이 사람 안에 살아간다는 것.
휘몰아치듯 종종
그 사람의 냄새를 잊지 못하여
산과 바다 들녘으로 도망치듯 떠나가고
또 얼마 되지 않아
그 사람 안으로 돌아와 있는 것.
수없이 돌아서다 반복해도 알게 되는 것은
내 안에서 벗어날 수 없는 몸처럼
그 안에 나로 살아간다는 사실 한가지.

옳음과 친절함 사이에서 방황할 때
수용한다는 것

살다 보면 그런 순간이 있다.
무언가 분명히 잘못되었고
그걸 말하지 않으면
내 마음이 영 불편해지는 순간.

하지만 그 말을 꺼내는 순간
누군가의 마음이 부서질 것 같아서
고민한 적이 있다.

옳은 일을 하려다
되려 좋은 사람이 되지 못할 것만 같았다.
내 말은 옳았지만
그 말이 닿은 사람은
끝내 외면을 택할지도 모를 일이니까.

그럴 땐 마음 한구석이 시리다.
정의와 다정 사이
그 어디쯤에서 멈춰 서 있어야 할지
잘 몰라서.

그럼에도 옳음과 친절함 사이에서
하나를 택해야 한다면
나는 친절함을 택하고 싶다.

사람이 어떤 선택을
할 수밖에 없었던 그 시간과 사정
그 마음까지
한 번쯤 그대로 바라볼 수 있다면

우리는 판단보다 이해를
정답보다 따뜻함을
먼저 꺼내 들 수 있지 않을까.

세상이 모두 냉철하게 선을 그을 때
나만큼은 조금 더 다정한 선을 그어보고 싶다.

가끔은 그 사람이 보이고 싶어 하는 모습 그대로
그 사람을 안아주는 일.

그것이 우리가 줄 수 있는
가장 깊은 친절인지도 모른다.

환절기

문고리 달다

한 계절이 앞선 계절을 순식간에 밀쳐내고
몰려올 때면 오래도록 시간을 끌며
끝날 것 같지 않던 문제들도
하나씩 그 해답을 찾아
결말이 지어지는 걸 알 수 있습니다.

지면으로 내려앉은
따스한 공기가 이미 답이 되어
아지랑이처럼 피어오를 때

정체되었던 오랜 생각이 사라진 후
보이는 건 현상 속의 사물일 뿐이라는 걸,
그곳에 결말이 있다는 걸 배워갑니다.

쓸모를 구하지 않는 쓸모
용기 내어

당연한 사람이 되고 싶어요.
용기 내어
무얼 바라는 사람보다
넘어졌다 일어서는 게 당연하고
사랑한단 말을 삼키지 않고
먼저 하는 사람이기를 바라요.
당연히 내가 있을 자리가
불편하지 않은
어느 곳에서나 마땅한 사람으로
쓰임 받기를 원해요.

이곳의 숨;

있는 그대로 둘 수 있을 때
마음이 풀려요.

완벽하지 않아도 괜찮아요.
지금 이 순간 나를 있는 그대로 받아들이는 것.
그것이 진정한 수용의 시작이니까요.

마음에 올라오는 감정들이 있다면
거부하지 말아요.
"지금 이대로도 괜찮아."
작게 속삭이며 그 감정과 함께 조용히 머물러요.

다섯 번째

비판 없는 마음 갖기;
나를 탓하지 않는 연습

실수했을 때 마음이 약해졌을 때
우리는 너무 쉽게 스스로를 책망해요.
'왜 이 정도도 못했을까' 하고.

하지만 오늘만큼은 나에게
조금 더 다정하게 말해보는 거예요.

"괜찮아, 누구나 그런 날은 있어."
"그렇게 버텨온 너, 정말 잘했어."

비판 없는 마음은
나를 변명하지 않고도
편안히 숨 쉴 수 있게 해주니까요.

기분 좋은 하루
있는 그대로 존중하는 연습

기분 좋은 하루를 보내는 일은
생각보다 쉽지 않았습니다.
타인의 시선과 기대
그리고 사회가 정해준 규칙 속에서
"괜찮다"라고 말하며 스스로 속이며
살아온 날들이 많았습니다
싫은 것도 "괜찮아"라고 넘기고
좋은 것도 "그냥 그렇다"라고 삼켜버리며
내 마음을 묻어두기 바빴습니다.

하지만 이제는 조금 다르게 살고 싶습니다.
싫으면 싫다고, 좋으면 좋다고
말할 줄 아는 내가 되고 싶습니다.
누군가의 기대를 채우기 위해
나를 희생하기보다
내 마음의 소리를 들어주며
내가 원하는 방향으로 나아가고 싶습니다.

"참지 않아도 괜찮아.

억지로 괜찮다고 말하지 않아도 돼.
싫은 건 싫다고 말하고
내가 원하는 건 당당히 요구하며
내가 나답게 살게 하는 선택을 해야 해.
그것이 내가 나를 지키고
내가 주인이 되는 삶이니까."
오늘부터 스스로에게 약속합니다.

내가 원하는 것을
솔직히 말할 수 있는 사람.
그리고 그 선택을 통해 내 하루를
더 기분 좋게 만드는 사람.
내 삶의 주인으로
그래야 내가 정말 나답게
그리고 행복하게 살 수 있을 것 같습니다.

증거인멸
무죄

글을 쓴 건지

나를 쓴 건지

무엇을 쓴 건지

애초에 헷갈릴 때면
썼던 글을 지운다.

마치 내가
나의 죄를 감추듯.

현상 이야기
흔들리다

천 번을 흔들려
소원이 이루어진다면
부서지는 고통쯤이야
감내할 수 있지 않을까 싶어요.

서로 다른 차이로 바람이 일 듯
바람이 불어야 흔들릴 수 있고
있는 자리에서 움직일 수 있음을 알아갑니다.

망각의 기능
선물

가끔 인생은 리셋이 필요해.
고장 난 회로 속에 갇혀
오랜 시간 버벅대지 않으려면
단호히 리셋 버튼을 꼬옥 눌러줘야 해.

무無
존재와 비존재 사이에서

도달할 수 없는 목적지
교차하지 않는 길들
밤이 낮을 지우고
소녀는 주름진 시간 속에 스러진다.
그 틈새는 존재를 삼키며
사랑은 이별에 기대어 선다.
여름과 겨울은 얽혀 습관이 되고
삶과 죽음 사이의 생명은
0과 영(靈) 사이 날카로운 경계에 선 채
백열등의 깜박임 속에서
흐릿한 피사체로 사라진다.

고통의 순환 고리
돌고 돌아

사람들은 당신의 고통을 모르기에
아무렇지 않게 말할 수 있는 거예요.
당신이 어디가 아픈지
어떻게 상처를 입었는지
매일 밤 고통 속에서 어떻게 신음해 왔는지
그들은 어쩌면 알고 싶지 않은 건지도 몰라요.

당신에게 무심한 것도
그들 역시 아픈 곳이 많아서일 거예요.

살아가며 찔리고 할퀴어진 고통을
혼자 짊어지고 버텨내느라
상처를 주고받는 일에 점점 무뎌져 버린 거죠.
어쩌면 당신보다 더 오랜 아픔 속에서
찾아낸 처방전 하나가
무덤덤해져야만 살아남을 수 있다는 걸
일찌감치 알아 버린 거예요.

대부분 사람은 자신이 피해자라고 생각해요.

참고 견디며 손해 보며 살아왔다고
그러나 그 현실 속에서
나도 모르게 누군가에게 상처를 주고
피해를 입히는 순간들이
얼마나 많았는지는 정작 인식하지 못해요.

그럴 때마다
당신 때문에 고통 속에 잠 못 이룬 이의
긴 밤을 떠올려 보세요.
그들이 그 외로운 밤을
어떻게 견뎌왔을지 상상해 보세요.

우리가 아무리 도망치려 해도
고통은 늘 원점으로 돌아와요.
그러니 그들이나 당신이나
어쩌면 모두 다르지 않다는 걸 알아야 해요.

그들의 아픔도
당신의 아픔도

서로의 마음에 남은 앙금까지도

인생은 돌고 돌아

처음으로 다시 돌아오는 순환이니까요.

우린 서로에게 얼마나 좋은 인연이었나
인연 값

인연을 지켜보는 일.
보내는 일.
그리고 끝내 받아들이는 일.

인연은 때가 되면
다가와 마음을 흔들고
또 때가 되면
아무 말 없이
물러나 흔적을 남긴다.

그 흐름을 잡으려 하지 않고
그저 있는 그대로 바라보는 마음
그곳에서 명상은 시작된다.

청연이 주는 의미처럼
맺어지고 끊어지는 수많은 하늘의 인연이
혼탁해지지 않고
맑고 깨끗한 인연이 되기를.

사람의 온도
호흡하기 편안한 온도

사람에게는 저마다의 온도라는 게 있다.
그건 체온처럼 일정하지도
계절처럼 확실하지도 않다.
그저 어떤 사람 곁에 있을 때
호흡이 조금 편안해지고
무언가 설명하지 않아도 살아 있어도
괜찮겠다고 느끼는 온도다.

주위를 돌아보면 항상 그렇게 만드는 사람이
존재한다 '뜨겁지도, 차갑지도 않게'
어디서나 숨쉬기에 적당한 온도로
기어코 만들어 버리는 사람이 있다.

내가 아닌 다른 사람을 편안하게 만든다는 건
결코 쉬운 일이 아니다.
그런 온도를 유지하기 위해
자기 안의 시간을 얼마나 깎아내고 있었는지를,
그 모든 평온이 누군가의 소모였다는 것을.

이불을 덮어주고 밥을 차려주고 물을 건네주는 일들
아주 일상적인 일로 느껴지지만
그건 사람을 살리는 온도의 일이었다.

처음으로 태어나 갈 곳 없는 사람이 된 그날.
아무도 반기는 이 하나 없을 때
따스한 온도의 당신이 있었기에
무심하게 넘겼던 참담했던 그날의 기억
기어코 사람을 살리는 온도를 가진 당신에겐
어쩌면 당연했을지도 모른다.

그런 당신을 나는 봄이라고 부르고 싶다.
무심한 듯 세심한
그 따스한 계절의 손길을 가진 당신을.
어떤 거창한 사건이 아니어도
온전히 숨 쉬게 해주고
살아도 괜찮다고 생각하게 해주는 사람.

지금도 가끔 당신을 닮은 날씨를 만난다.

세상 만물을 흐드러지게 피어나게 만드는
봄날 같은 온도를
그럴 땐 생각한다.
'오늘은 어제보다 더 따뜻해, 좋은 일이 있을 거야,
또 견뎌도 괜찮아.'
그건 내가 당신에게서 온전히 상속받은
유산일지도 모른다.

당신에게 물려받은 적당한 온도와
명명할 수 없는 방식의 온화함과 어디든 숨을
불어 넣는 당신의 기술까지도.

어느 날 가을이 와서 몰아붙이고
겨울이 다시 어떤 이별을 데려온다 해도
나는 괜찮을 것이다.
당신이 남겨준 그 정확한 온도 하나만으로

나는 다시 하루를 잘 버텨낼 수 있을 테니까.

내가 아는 나는 인연에서 온다
하늘의 일

사람과 사람이 만나 이어져 연결되면
자연스레 묶이게 된다.
이를 두고 우리는 인연이라고 한다.

이렇게 이어진 것으로서 시작을 함께하고
관계를 만들어 일을 도모하며
각자의 위치를 마련한다.

연은 나의 우주를 이루는 요소로서
내 우주의 중심에 태양처럼
내가 우뚝 서 있고
내 연이 그 주위를 도는 별이 된다.

그러므로 나의 우주에 연이 없으면
나를 잘 알지 못하고
내 존재가 무엇인지 잘 발견할 수 없다.

우리가 사는 동안 수많은 연이 만들어지고
소멸되어지기를 반복한다.

이러한 과정에 부딪혀 봐야
나도 내가 누구인지
나를 잘 알 수 있는 것이다.

하늘의 명은 오로지
연을 통해서 주어지며

이를 우리는 천명이라 부른다.

인연의 숲
신록의 향연

용서되지 않는 순간도
다시는 돌아보지 않겠다는 다짐도
신록의 향연 속에 묻어버리고

꼿꼿이 너를 향하는 발걸음

"됐다, 이쯤이면 다 왔지."

촘촘하게 얽힌
질긴 인연의 숲.

누구도 떼어놓지 못할
잎새의 부딪힘 속에서

너를 향해 울부짖는다.

의도 없는 우연

순수로 물들다

의도 없는 우연이 있다면
그건 운명이라고 말하고 싶어.
그저 순수했을 뿐
어떤 의도도 없었던 인연이라면
그것만으로 우린 최선이었다고
말할 수 있을 거야.
때로 목적 없는 만남이
소유할 수 없는 관계로
그 끝을 향해 치닫는다 해도
한순간 마음을 주고받은 행위 하나로
스쳐 간 너와 나는
오래도록 미화된 서로를 기억할 것이다.
순수 100%의 마음은 살아가면 갈수록
천천히 짙어져 서로에게 스며드는 것이기에
수면 밖으로 떠오를 때마다
그 인연은 이어질 것이기 때문이다.

이별

추억이 될 때까지

하나였던 이들이 뿔뿔이 흩어져
남남이 되는 순간만큼
무섭고 잔인해지는 일이 또 있을까.
결코 서로를 아프게 하지 않을 사랑은
애초에 존재하지 않는 것일까.

어쩌면 우리는 사랑을 하며 보낸 시간보다
그 사랑을 추억하며 보내는 시간에
훨씬 더 많은 에너지를 쏟으며
살아가는지도 모른다.

본질이 궁금했어
결핍 속에서의 자아실현

본질이 궁금했어.
뿌리가 대체 어떻게 생겨야
활짝 피어날 수 있을까.

사랑받을 수 있을까.
그런 것은 이미 날 때부터 정해진 걸까.
나는 사랑받을 수 있을까.

무해한 반복
사라졌다가 다시 나타나는 것들

앞에서 싸우는 건
아니란다.

줍지 못할 덧없는 욕망 앞에서,
사랑인지도 모를 사랑 앞에서,

사람을 안고 선 사람 앞에서
그 사람 안의 노인과
그 사람 안의 아이를 마주해도

우리가 지켜야 할 건
흐트러뜨리지 않는 마음,
흔들리지 않는 약속,
지켜주겠다는 그 선의
드러나지 않는 뒤끝이란다.

그리고 마지막에는
끝인지도 모를 여운조차
없이 사라졌다가

다시 나타나

반가움이 되는

그 무해한 반복들.

별똥별

응원해

이유 없이 기다리게 만드는
너의 별똥별이 되고 싶어.
사람이 사람에게
안식이 되고 소원이 될 수 있었다면
우리 곁에 있는 모든 신들은
멀리멀리
포상 휴가를 떠나서도
괜찮을 거야.

너 하나를 위한 별똥별이 되고 싶어.
아주 가끔은 바쁜 신들을 위해
너의 소원 몇 가지는
흔쾌히 들어줄 수 있는
너만의 별똥별이 되고 싶어.

다 지나간다
좋고 나쁨 없이

모든 것은 지나간다.

많이 울어본 사람은 안다.
그 울음 또한
머물지 않는다는 것을.

고통은 집이 없다.
정거장만이 있을 뿐.
우리 안에 들렀다가
시간이 되면
다시 제 길로 떠나간다.

기쁨도 마찬가지다.
지나간 웃음이 우리를 살렸다면

지나간 슬픔도
우리를 깨우기 위해
잠시 거기 정차해 있었던 것뿐이다.

이곳의 숨;

나를 탓하지 않는 연습
가끔은 스스로를 너무 몰아붙이지 않아도 괜찮아요.

오늘 아무것도 이루지 못했다 해도
어제보다 조금 더 흔들렸더라도
괜찮아요.

우리는 완벽하기 위해 태어난 게 아니라
살아가기 위해 태어난 거니까요.

당신이 넘어졌던 순간까지도
다정하게 껴안을 수 있다면
된 거예요.

어떤 모습이어도
당신은 당신에게 소중한 나잖아요.

조금 서툴러도
조금 느려도
그대로의 당신으로 충분히요.

오늘은 부드럽게
자기 자신을 토닥이며 하루를 마무리해 주세요.

"완벽하지 않아도, 여전히 사랑받을 이유가 있다."

여섯 번째

지금 여기;
삶은 오직 이 순간에만 있다

삶의 실수를 줄여나갈 수 있다는 건
지금 이 순간
자신을 알아차리고 있다는 증거예요.

그 깨달음의 문턱에서
운도 기회도
자연스럽게 꽃을 피우기 시작하니까요.

"지금 여기, 당신은 준비된 사람이에요."

봄날
녹아버리던 그 순간

어루만질수록 체온에 녹아버리는
아이스크림처럼

봄날은 여느 때처럼 찾아와
잠시 애태우게 하다가
또다시 우리 곁을 스치며
떠나갈 것이다.

꽃잎은 피어났고
너는 그 누구보다도 눈부셨다.

당신의 밤에
숨 고르는 법

밤에도
손에서 빛을 내려놓지 못한 날들이 있었어요.

살기 위해 깨어 있었지만
살아내기 위해선
잠시 꺼져도 괜찮겠다는 생각이 들었어요.

가끔은
빛을 끄는 일이
나를 다시 켜는 일이기도 하니까요.

오늘 당신의 밤도
충분히 어두웠으면 좋겠어요.
그래야
다시 빛날 수 있으니까요.

그대로 바라보기
지금 여기에 깃든 온기

조금 줄여보려 애썼던 커피였다.
그런 커피가 유독 마시고 싶던 날엔
어김없이 부슬비가 내렸다.

창밖으로 은은하게
씻겨지는 소리.
퍼지는 커피 향기.
우산을 쓴 채
무심하게 지나가는 사람들.
그 사이에서 잠시 멈춰 선 듯한 오후.

식지 않는 것은 없다.
커피도 마음도
지나간 온기도 조금씩 식어갈 테지만

지금 이 따뜻함만은
그대로 바라보고 싶다.

메리 크리스마스

12월 25일

우리가 지나왔다고 생각하고
스스로 안과 밖으로
과거와 현재 미래로 선을 그은 것은
텅 빈 채 명멸하여 흘러가는
물질계의 행위일지도 몰라.

다 존재하고 있어.
우리는 처음부터
한 번도 끊어진 적 없이
너와 나는 연결되어 있었으니까.

모두의 메리 크리스마스.

노을
노을처럼

나는 너를 떠나 보낼 사람처럼 바라본다.
언제부터였을까.
사람의 뒷모습이
노을이 될 수 있다는 걸 알게 된 건.

멀어지는 것들은
변함없이 서 있는 것들을 지나치고
저물어가는 하늘빛 속에서
오늘이 천천히 사라져 간다.

모든 이별은 정직할까.
오늘은 아름다울까.
노을처럼.

지금 여기, 빛을 따라
작은 문

문은 너무 크지 않아야 해.
열려 있는 건 좋지만
모두에게 열려 있다면
결국 아무에게도
닫히지 않는다는 뜻이니까.

문이 커지는 대신에
그 주위는 늘 밝았으면 해.
들어오고 싶은 사람은
자기 마음을 한 번 더 비춰보며
조심스레 발을 들이게 하고

나가고 싶은 사람은
언제든지
자신의 길이 보이는
빛나는 방향으로 나설 수 있게.

사각지대 어느 밤 2

인생은 현재 진행형

현실의 어떤 것도
종국엔 사람의 삶 앞에서 녹아내릴 거야.
비집어 들어갈 틈 없이 얼어붙은 일들조차도
물처럼 흘려보내는 건
흔적 없이 녹아내릴 때까지
기다리는 일 외엔 없어.

모두 다 시간만이 제 몫을 할 테니까.
누군가의 마음을 알아주고
빈틈없이 꼭 맞추어 살아갈 이유는 없어.

그러기엔 생은 짧고
너의 삶은 소중하고 사랑스러워.
지금부터라도 너를 위해서 살아.

한恨
용서

너의 깊어가는 후회가
내게 남은 옅은 흉터와
언젠가 마주할 날이 오겠지.

치유가 완성되는 날
내가 내 삶을 더 잘 살아가는 날

그때쯤이면
나도 너를 용서할 수 있을 거야.

결대로
사람다웠다

무엇을 위한 이별인 걸까.
상상하지 못했던 방식으로 눈앞에서 펼쳐질 때
푸른 창공을 보았다.
억새는 여러 해 동안 척박한 땅에서
흔들리며 휘어졌지만
고결하게도 부러진 적은 없었다고 한다.
풀어헤쳐진 꾸러미 안에는
익숙한 한기 속에 서로를 견뎌내는
너와 내가 살고 있을 뿐
우리는 순수했다.
결대로 사람다웠다.
서로에게서 발아될 수 없는
씨앗을 가진 너와 나였을 뿐
인제 그만 멀리 날려 보내자.

가장 너답고 나답게 살 수 있는 곳으로
우리 서로 놓아주자.

몸짓의 기록
이야기와 상처 사이에서

견딜 수 있었던 몸짓은
이야기가 되었고

견디지 못한 몸짓은
상처로 남았다.

그래서 생각했다.
우리가 나누는 이야기의 절반쯤은
사실 누군가의 상처이거나
그가 치른 목숨 값일지도 모른다고.

남의 이야기를
쉽게 하면 안 되는 이유가
어쩌면 거기에 있을지도 모른다고.

인연의 실
여름의 문 앞에서

푸름 속에서 돋보이는 여름의 문.
이토록 들여다보아도
금세 훔쳐보고 싶은 건
능소화뿐만이 아닐 거다.

양 끝이 비워진 두 점
서로가 실랑이하듯 잡아당기면
어느새 팽팽하게 만들어진
곧은 실하나가

이미 낯설고 돌아보기 바쁜
여름의 문안에서

너를 불러낸다.

착각
너와 나를 비우는 연습

내가 너를 안다는 착각과
네가 나를 안다는 착각이
무수한 오해를 낳았다.

정말 다 알고 있었을까.
내가 두 눈으로 너를 본 것처럼
너도 나를 본 적이 있었을까.

우린 서로 얼마만큼의 착각을 안고
서로를 믿고 사랑했을까.

그게 잘못이라면
만남도 이별도
그 안에서의 사랑조차도
우리에겐 잘못이 아닐 것이다.

다만 우리는
서로를 끝까지
알고 싶어 했던 사람들일 뿐.

당신이 옳다

내가 아닌 길 위의 진심에게

사랑이라 불리며 지나온 감정들
꿈틀대며
더는 내 곁에서 자라나지 못하던
당신이 옳았습니다.
오늘은 꼭 이 말을 해주고 싶습니다.
당신의 최선이
비록 나의 최선이 될 수 없대도
당신이 옳다.

인생이란
마당놀이

잘난 사람이 그 자리에 선 게
꼭 실력 때문은 아니고

못난 사람이 그 자리에 앉은 게
다 자기 탓만은 아니지.
세상은 타이밍과 운이 얽혀 만들어낸
한바탕의 희극일 뿐.
우리 모두 언제 무대에서 내려오게 될지
모르는 불안정한 광대들일 뿐.
이 마당놀이는 우리가 선택한 것이 아닌
주어진 배역으로 시작되었다네.
그 배역이 다들 영원할 거라 착각하고 있지.
무대 뒤로 밀려나기 전까지는 말일세.

그 자리가 진짜 자기 것이라고
굳게 믿으면서 말이지.
광대들은 웃고 있지만
그 속에 감춰진
슬픔과 분노를 누가 알아주겠는가?

이 마당놀이는 한 번 끝나면
다시 돌아오지 않는다네.
그러니 남은 시간 동안
북과 장구 소리가 멈추기 전까지
있는 힘껏 춤을 추는 것일세.

이곳의 숨;

시간이 흘러가도 숨 쉬는 지금, 이 순간만이 진짜야.

지금 이 순간, 내가 쉬는 숨결 위에
삶은 온전히 깃들어 있어요.

삶은 미래에 있지 않고
과거에 묻혀 있지도 않아요.
단 하나 바로 지금 내 안에서 살아 숨 쉬는
이 순간에만 존재해요.

무엇을 이루지 않아도
어떤 사람이 되지 않아도 괜찮아요.

숨 쉬고 있는 지금의 나를 느끼는 것.
그것만으로도 우리는 이미 충분히 살아 있는 거예요.

지금 여기서
나를 기다리지 말고
나를 미루지 말고
나를 사랑해줘요.

당신의 가장 빛나는 순간은 언제나 '지금'이에요.

깊이 숨을 들이쉬고 천천히 내쉬어봐요.
오직 지금 이 숨에 집중해요.
과거도 미래도 아닌 살아 있는 지금을 온전히 느껴봐요.

숨; 쉬다

초판 1쇄 인쇄	2025년 11월 24일
초판 1쇄 발행	2025년 12월 10일

지은이	정소영
펴낸이	이장우
책임편집	송세아
디자인	theambitious factory
편집 제작	안소라 김소은
관리	김한다 한주연
인쇄	KUMBI PNP
펴낸곳	도서출판 꿈공장플러스
출판등록	제 406-2017-000160호
주소	서울시 성북구 보국문로 16가길 43-20 꿈공장 1층
이메일	ceo@dreambooks.kr
홈페이지	www.dreambooks.kr
인스타그램	@dreambooks.ceo
전화번호	02-6012-2734
팩스	031-624-4527

이 도서의 판권은 저자와 꿈공장플러스에 있습니다.
이 책은 저작권법에 의해 보호받는 저작물이므로 무단전재와 무단복제를 금합니다.

일부 맞춤법 및 띄어쓰기의 변형은 저자 고유의 글맛을 살리기 위함입니다.

ISBN	979-11-24181-00-3
정가	15,000원